Steve Arneil / Bryan Dowler

**Karate** leichter lernen

Steve Arneil (6. Dan)
Bryan Dowler (3. Dan)

# Karate

*leichter lernen*

Mit 245 Fotos

BLV Verlagsgesellschaft
München Bern Wien

CIP-Kurztitelaufnahme der Deutschen Bibliothek

**Arneil, Steve**
Karate leichter lernen / Steve Arneil; Bryan Dowler. –
1. Aufl. – München, Bern, Wien: BLV Verlags-
gesellschaft, 1978.
   Einheitssacht.: Better karate ‹dt.›
   ISBN 3-405-11767-4

NE: Dowler, Bryan:

Titel der englischen Originalausgabe
»Better Karate«
© Kaye & Ward Ltd., London

© der deutschsprachigen Ausgabe:
BLV Verlagsgesellschaft mbH, München, 1978

Übersetzung: Udo Moser (1. Dan) und
Klaus Jürgen Moser
Titelfoto: Max Mühlberger, München

Fotosatz: Gebr. Parcus KG, München
Druck: Georgi-Druck, Königsbrunn
Bindearbeiten: Conzella, Urban Meister, München
Printed in Germany · ISBN 3-405-11767-4

# Inhaltsverzeichnis

# Vorwort

»Ein wahrer Schüler des Karate ist, wer sein ganzes Leben hindurch trainiert und nie in die Zwangslage kommt, sein Wissen im Zorn gegen einen anderen zu gebrauchen.«

Gichin Funakoshi

Dieses reich bebilderte Buch für Anfänger zeigt in einfacher Weise, daß die Kampfsportart Karate nicht nur die wirkungsvollste waffenlose Kampfsportart, sondern auch ein Mittel für körperliches Training und Übung geistiger Disziplin ist. Gleichzeitig ist es eine sich schnell verbreitende Sportart und für viele Menschen Weltanschauung.

Die Autoren, beides hauptberufliche Trainer, führen hier den Schüler Schritt für Schritt von den Vorbereitungsübungen und den Grundlagen über Stellungen, Bewegungsabläufe, Stöße, Schläge und Tritte bis zu den Blöcken und Kataformen.

Im Anhang findet sich ein Wörterbuch der japanischen Karatefachsprache.

Die Autoren möchten ihren Dank Brian Bellingham ausdrücken, der fast alle Fotos für dieses Buch innerhalb kürzester Zeit fertigstellte, Bernard Creton (2. Dan), Stephen, Jones und Paul Cheeseman (1. Dan) und den anderen Mitgliedern des Wimbledon und Croydon Kyokushinkai-Dojos, die ihnen bei der Vorbereitung des Buches eine große Unterstützung waren.

Tameshiwari: Eisbruchtest von T. Nakamura, 7. Dan, im Crystal Palace, London

Karate ist eine Kampfsportart. Es ist bis heute die wirkungsvollste waffenlose Selbstverteidigung. Es stellt eine Verbindung von körperlichem Training und geistiger Disziplin dar und ist ein schnell wachsender internationaler Kampfsport. Für einige Meister des Karate ist es die Grundlage einer Weltanschauung.

Die Kunst, die wir heute Karate nennen, hat ihren Ursprung in Indien und China, nicht in Japan. Verschiedene Arten von Faustkämpfen waren in China bereits vor Christi Geburt bekannt und wurden aufgezeichnet. Die Methoden der Selbstverteidigung wurden von Bodhidharma (bei den Japanern bekannt als Darumataishi) im 5. Jahrhundert v. Chr. von Indien nach China gebracht. Er lehrte seine Kampfkunst zuerst im berühmten Shaolin-Tempel. Seine Lehre wurde von den Chinesen in Jahrhunderten zu einem immer mehr abgewandelten Kampfsystem entwickelt. Die verschiedenen waffenlosen chinesischen Kampfsportarten, die von Schule zu Schule beträchtlich variierten (so wie die verschiedenen chinesischen Boxstile heute), wurden nach Okinawa, auf die Ryukyu Inseln, exportiert und nach dem Einbau lokaler Techniken durch Ryukyulehrer zum ersten Mal um 1917 nach Japan gebracht.

Die speziellen Arten, die Okinawas Meister entwickelt hatten, wurden schließlich Karate-do benannt. (Weg der leeren Hände) und durch die Japaner in das heute bekannte Kampfsportsystem eingegliedert. In den meisten asiatischen Ländern haben sich waffenlose Selbstverteidigungsarten verbreitet, die bis auf kleine Unterschiede mit den japanischen und Okinawa-Stilrichtungen des Karate übereinstimmen. Mit der Zeit wurden viele der Spezialtechniken dieser anderen Länder in einige der japanischen Karatestilrichtungen integriert. Ein gutes Beispiel dafür sind die koreanischen Sprungtritte. In China und Taiwan sind diese Techniken als chinesisches Boxen bekannt und werden oft unter dem Namen Kung Fu zusammengefaßt. In Indonesien nennt man sie Pentiak, in Malaysia Bersilat, in Korea Taekwon Do, Tang Soo oder Hapkido. Thailand hat sein eigenes spektakuläres Thaiboxen mit Trittechniken, die in den letzten 10 Jahren in das japanische Profiboxen eingegliedert wurden.

Karate hat seine frühesten Wurzeln im Buddhismus und auch heute noch wird im Karateunterricht die geistige Disziplin genauso betont wie die körperliche. Diese Harmonie von körperlicher und geistiger Disziplin unterscheidet Karate von vielen

Kata – die »Kunst« im Kampfsport. Hier in der Gruppe ausgeführt.

anderen Sportarten. Es unterscheidet sich ebenso von den im Westen entwickelten waffenlosen Selbstverteidigungsarten, die in der Regel keine Verbindung zur geistigen Disziplin haben.

Gichin Funakoshi, ein Okinawaner, der das moderne Karate von den Ryukyu Inseln nach Japan gebracht haben soll, pflegte zu sagen: »Ein wahrer Schüler des Karate ist, wer sein ganzes Leben hindurch trainiert und nie in die Zwangslage kommt, sein Wissen im Zorn gegen einen anderen zu gebrauchen. Das höchste Ziel des Karate liegt nicht im Sieg oder in der Niederlage, sondern in der Vervollkommnung des Charakters.«

Karate ist demnach mehr als nur eine kultivierte Art der Selbstverteidigung. Karate gibt die Möglichkeit des körperlichen und geistigen Gleichklangs. Das kann ein Lebensrezept sein, das die Basis einer Einstellung gegenüber den anderen Menschen, der Welt und dem Leben allgemein ist. Die ersten Schritte auf dieser Straße der Selbstentdeckung und Selbsterfüllung sind Gehorsam und Disziplin rein körperlicher Art im Karatetraining. Die Anfänge des Karatetrainings sind daher auf die körperlichen Aspekte dieser Kunst abgestimmt.

Viele Leute sehen in Karate noch immer ein Mittel, um harte Gegenstände wie Holz, Steine und Ziegel zu zertrümmern. Natürlich wird es auch gemacht, aber es zeigt nur einen sehr beschränkten Ausschnitt des Karate. Diese Schlagtechniken werden oft bei Turnieren und Demonstrationen zur Schau gestellt und heißen »Tameshiwari«. Diese Techniken sind besonders mit dem japanischen und dem koreanischen Karate verbunden. Die Kunststücke, die Experten der Öffentlichkeit vorführen, zeigen die aufsehenerregende Durchschlagskraft, die durch den Körper erzeugt und durch den richtigen Gebrauch der Karatetechniken wirksam eingesetzt wird. Tameshiwari ist eigentlich kein Bestandteil des Karate, sondern es dient zwei Absichten: Erstens und hauptsächlich wird bei dieser Vorführung getestet, ob der Vorführende die Schläge einwandfrei ausführen kann. Es ist eine praktische Prüfung der Fähigkeit, sich zu konzentrieren und seine Kraft und Technik auf einen Punkt zu richten, was unter normalen Trainingsbedingungen nicht immer möglich ist, da die Schläge und Tritte kurz vor dem Körper des Gegners abgefangen werden müssen.

Bei den jährlichen Turnieren in Tokyo unter Leitung des Meisters Oyama (Mas Oyama ist ein berühmter Karateka und Begründer der Kyokushinkai Schule) müssen die Teilnehmer vor den Zuschauern erst verschiedene Bruchtests durchführen, bevor sie im Turnier starten dürfen. Zweitens dienen diese Demonstrationen der Darstellung der dynamischen und durchdringenden Kraft, die bei richtigem Gebrauch der Karatetechniken durch den Körper erzeugt werden kann.

Bis vor kurzem wurde Karate als ein fremdes orientalisches Kampfsystem betrachtet. Man dachte, das Wichtigste sei, Körperstellen auf Holz oder Steinblöcke zu schlagen, bis sie hart würden. Heutzutage werden in Europa und Amerika allmählich die wahren Philosophien verstanden und gewürdigt. Hier ist nun die Verbindung zu den wenigen Karatemeistern gefunden worden, die Karate schon immer als eine für viele Menschen brauchbare Lebensphilosophie angesehen haben. Wir hoffen, daß dieses Buch Ihnen den wahren »Weg« des Karate zeigt und Ihnen hilft, die Grundlagen der Technik und die Bedeutung der Philosophie zu verstehen.

# 2

## Wichtige Karategrundlagen

Schüler und Meister: ▷
Einer der Autoren,
Steve Arneil (6. Dan)
mit einem seiner Schüler.

Dieses Buch zielt erstens und hauptsächlich darauf hin, Ihnen eine Basis der sportlichen Seite des Karate zu vermitteln. Sie werden die Bewegungsprinzipien, denen alle Karatetechniken unterliegen, wissen und verstehen müssen.

Karatetechniken wurden oft beschrieben als »die Kunst, Konzentration und Kraft in einem Moment auf eine bestimmte Stelle zu richten«. Es gibt einige Aspekte in dieser Aussage, die es wert sind, näher betrachtet zu werden.

### Geschwindigkeit

Karatetechniken müssen exakt und mit einem Maximum an Schnelligkeit ausgeführt werden. Die Schnelligkeit macht es möglich, die Kraft des Stoßes in einem Punkt zu konzentrieren.

### Konzentration der Kraft in einen Punkt

Die Faust, der Ellenbogen, der Fußballen oder die Fersen führen den Schlag aus, aber um ein Maximum an Wirkung zu erreichen, muß die Kraft des ganzen Körpers eingesetzt werden. Einige Muskeln des Körpers – zum Beispiel die Hüft- und Rückenmuskeln – sind stark ausgebildet, aber reagieren nur verhältnismäßig langsam. Andere Muskeln – in der Regel die Muskeln der Extremitäten – reagieren schnell, sind aber nicht so stark ausgeprägt. Das Ziel des Karatetrainings ist es nun, die Kraft der großen Muskeln zuerst ins Spiel zu bringen und diese Kraft durch den Körper hindurch auf einen Punkt zu übertragen. Normalerweise ist das die Faust, der Ellenbogen oder der Fuß.

### Bewegung und Gegenbewegung

Ein wichtiger physikalischer Grundsatz lautet, daß jede Kraft eine gleich große, entgegengerichtete Kraft erzeugt. Dieser Grundsatz wird auch in den Karatetechniken angewandt. Das beste Beispiel ist der Karateschlag, bei dem die eine Hand schlägt, die andere gleichzeitig zurückgezogen wird, was der Schlaghand zusätzlich Kraft verleiht.

### Gleichgewicht

Um Karate gut auszuführen, braucht man, wie in den meisten Sportarten, ein gutes Gleichgewichts- und Stabilitätsgefühl. Dies ist besonders notwendig bei Trittkombinationen, wenn man – für ungefähr eine Sekunde – nur noch auf einem Bein steht.

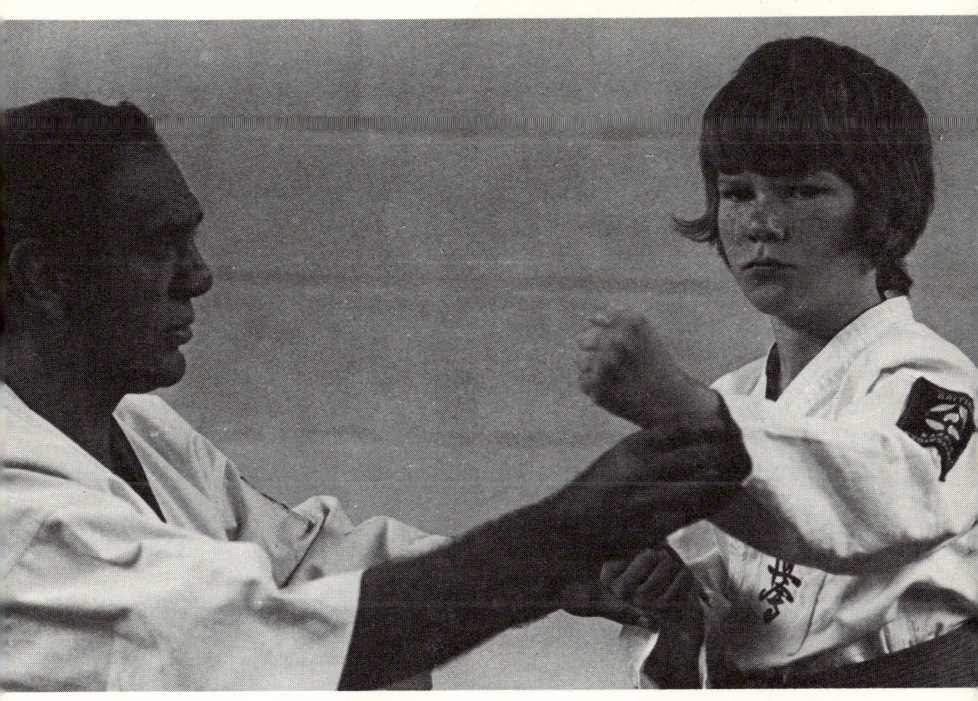

Das Wichtigste über Gleichgewicht wird im Kapitel 4 genauer behandelt, das sich mit Karatebewegungen beschäftigt.

## Atmung und Atmungskontrolle

Der Atmung kommt im Karate größere Bedeutung zu, als oft angenommen wird. Im Karatetraining werden verschiedene Atmungsmethoden gelehrt, die man beherrschen muß, um ein hohes technisches Niveau zu erreichen. Die speziellen Karate-Atmungstechniken werden mit der Absicht gelehrt, in auftretenden Kampfsituationen die Körperspannungen kontrollieren zu können und den Unterkörper zu stärken. Zur erforderlichen Konzentration der Kraft in einem Augenblick ist es zweckmäßig, im

Moment des Aufpralls von Schlag oder Block zu schreien (KIAI). Durch den Ausstoß der Atemluft mit dem Schrei wird die Rumpfmuskulatur angespannt und damit eine optimale Kraftentwicklung ermöglicht.

## Timing

Gutes Timing eines Schlages beispielsweise kann am Gesamtbild und der Wirkung abgelesen werden. Ein Schlag, der, technisch richtig ausgeführt, das Ziel aber verfehlt, war möglicherweise nicht gut »abgestimmt«. Perfektes Timing kann nur nach einer langen Praxis und besonders nach Erfahrungen im Freikampf und in Wettkämpfen erlangt werden. Das Kapitel »Partnerübungen« soll beim Erlernen des Timings in den Grundtechniken helfen.

# 3

## Vorbereitungsübungen

Kniekreisen

Die Übungen, die zur Vorbereitung im Karatetraining angewandt werden, unterteilt man in zwei Gruppen:

1. Lockerungs- und Dehnübungen. Die Übungen, die in diesem Kapitel behandelt werden, gehören zu dieser Gruppe.

2. Stärkungsübungen. Zur Lockerung oder zum Aufwärmen können auch allgemeine Körperschulübungen aus anderen Sportarten gebraucht werden. Spezielle Übungen für das Karate sind Lockerungs- und Dehnübungen, die die Beinmuskulatur locker und geschmeidig machen, um die Ausführung der Tritte und die Balance während des Trittes zu erleichtern. Die Übungen dieses Kapitels sind nur eine Grundlage, die mit der Zeit erweitert werden muß. Diese Grundübungen werden am Beginn und am Ende des Trainings zur Auflockerung durchgeführt.

Weiter Grätschstand, Ellbogen
an den Boden drücken

Grätschsitz oder Spagat

Grätschsitz, mit der Stirn rechtes
oder linkes Knie berühren

Grätschsitz, mit dem Oberkörper
den Boden zu berühren versuchen

Strecksitz, Füße strecken

Strecksitz, Fußgelenke fassen,
Oberkörper zu den Beinen ziehen

»Schneidersitz«, die Füße berühren sich

Hand- und Fingergelenkigkeitsübungen

Liegestütz auf Fingerspitzen und
Gegeneinanderdrücken der Fingerspitzen

Weite Grätsche

16

Jede Sportart erfordert ein gutes Gleichgewichtsgefühl. Im Karatesport ist es deshalb von größter Bedeutung, weil der Gegner normalerweise versucht, das Gleichgewicht des anderen zu stören. Nicht immer hat man die Zeit, in die ideale Stellung zu wechseln, deshalb ist es notwendig, in vielen Positionen standfest zu sein. Die Fähigkeit sich schnell zu drehen, beispielsweise bei einem Angriff durch mehrere Gegner gleichzeitig, und trotzdem das Gleichgewicht zu halten, ist eine der Künste, die der Karateschüler zu erreichen versuchen sollte.

## *Ausgangsstellung* (Fudo Dachi)

Wie in allen Positionen wird die Muskulatur angespannt, besonders die Bauch-, Hüft- und Beinmuskulatur. Zusätzlich zur Erhaltung des Gleichgewichts haben die meisten Stellungen den Zweck, bei der Kräftigung der Hüften und Beine zu helfen. Kräftige Beine und Hüften sind für den Karateka wichtig, weil auf die Beintechniken und den Gebrauch der Hüfte viel Wert gelegt wird. In diesem Buch werden nur die wichtigsten Stellungen behandelt.

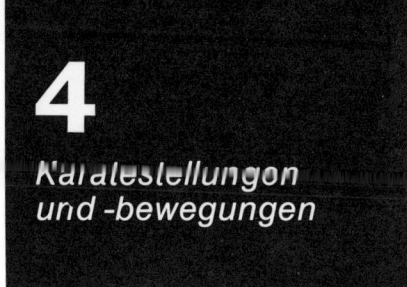

1 Zu beachten ist die Fußstellung
2 Zu beachten ist die Haltung des
  Kopfes und die Höhe der Hände

Die Vorwärtsstellung seitlich und von vorne

Die Rückwärtsstellung seitlich und von vorne

## Vorwärtsstellung (Zenkutsu Dachi)

Die Vorwärtsstellung ist eine sehr stabile Stellung, wenn sie richtig ausgeführt wird. Sie wird immer zu Beginn der Ausbildung gelehrt. Die Füße stehen von vorne gesehen schulterbreit auseinander und das hintere Bein ist annähernd zwei Schultern breit zurückgesetzt. Normalerweise wird gleichzeitig ein Tiefblock mit Eingang in diese Stellung verbunden.

## Rückwärtsstellung (Kokutsu Dachi)

Die Gewichtsverteilung in dieser Stellung: 70% des Gewichts liegen auf dem hinteren Bein, 30% des Gewichts liegen auf dem vorderen. Das hintere Bein ist leicht gebeugt, der Fuß steht in einem Winkel von 45 Grad zur Bewegungsrichtung. Das vordere Bein steht ungefähr 15 cm vor dem hinteren Bein und leicht zur Seite. Das vordere Knie wird gehoben, bis die Ferse vom Boden ist.

### Katzenfußstellung
(Neko Ashi Dachi)

Sie ist ähnlich der Rückwärtsstellung, allerdings stehen beide Beine näher zusammen, der vordere Fuß wird herangezogen, die Ferse angehoben, so daß nur der Fußballen den Boden berührt. Er ist dabei nahezu gestreckt. Das hintere Bein ist leicht gebeugt, wie in der Rückwärtsstellung, allerdings liegen in dieser Stellung bis zu 90% des Gewichts darauf.

### Seitwärtsstellung (Kiba Dachi)

Die Seitwärtsstellung ist gut zur Ausbildung der Hüft- und Beinmuskulatur. Die Beine stehen etwa das Zweifache der Schulterbreite auseinander. Die Füße stehen parallel und deuten genau auf den Gegenüber, die Knie sind so weit auswärts über die Füße gedreht, wie es möglich ist. Die Hüften werden leicht vorgeschoben, der Oberkörper bleibt aufrecht.

### Sanduhrstellung (Sanchin Dachi)

In dieser Stellung wird die Rumpf-, Arm- und Beinmuskulatur sehr stark angespannt. Die Knie sind gebeugt, die Füße sind einwärts um etwa 45 Grad gedreht.

Der rechte Karateka zeigt hier eine schulmäßige Abwehr.

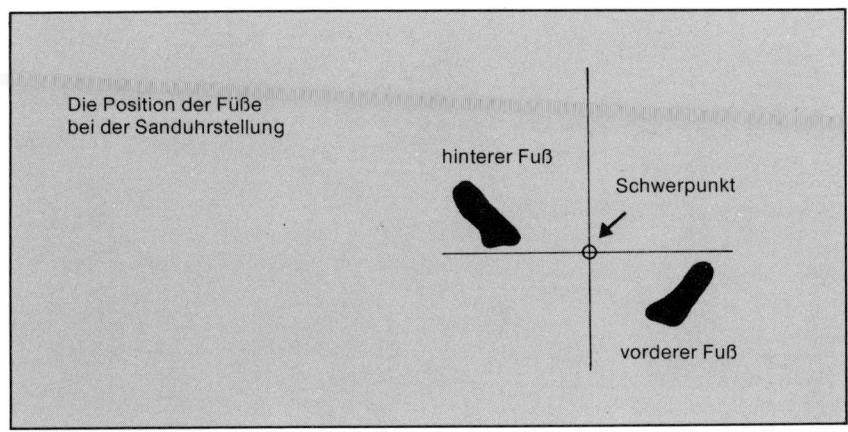

Die Position der Füße
bei der Sanduhrstellung

hinterer Fuß

Schwerpunkt

vorderer Fuß

## Bewegungen

Im Karate ist die richtige Ausführung der Bewegung wesentlich, das bedeutet, beim Ändern der Stellung das Gleichgewicht und die Stabilität zu erhalten. Ohne ein gutes Gleichgewichtsgefühl und eine stabile Stellung ist es nicht möglich zu blocken, zu schlagen, zu treten oder irgendeine Technik mit Wirkung auszuführen.
Bei den Bewegungen sind immer zwei Punkte zu beachten:

1. Die Füße *gleiten* aus ihrer Position – sie werden nicht vom Boden gehoben (mit einer Ausnahme: die Ausführung eines Tritts). Um die Bewegung auf nackten Füßen zu erleichtern, haben die meisten Karatehallen polierte Holzfußböden.

2. Die Hüften und der Kopf behalten während der Bewegung die gleiche Höhe. Der Körper macht keine ruckartigen Bewegungen, wenn er von einer Stellung in die andere gleitet.

## Drehungen

Bei den Drehungen erweist sich, ob man das Gleichgewicht halten kann oder nicht. Dies trifft besonders dann zu, wenn man von einem Gegner angegriffen wird. Das Wichtigste ist, die Drehungen in den Hüften durchzuführen. Man darf nicht die Schultern allein drehen, denn dann verliert man sofort das Gleichgewicht. Die Bewegungs- und Drehübungen, die in diesem Buch behandelt werden, werden aus den Stellungen Zenkutsu Dachi und Kokutsu Dachi ausgeführt.

*Bewegung in die Vorwärtsstellung*

Punkte, die besondere Beachtung verdienen:
Der Kopf oder die Hüfte bewegen sich bei vor- oder rückwärtsführenden Bewegungen immer in gleicher Höhe. Mit anderen Worten, der Körper macht keine ruckartigen Auf- und Abwärtsbewegungen. Die Hüften werden bei jedem Schritt kräftig nach vorne gedrückt und die Bewegung schließt in einer festen Stellung ab, unterstützt durch ein Strekken des »neuen« hinteren Beins. In den oben gezeigten Fotos (Bild 1–3) kann man gut die richtige Start- und Endposition erkennen. Außerdem sieht man sehr gut, daß die schulterweite Fußstellung beibehalten wird.

1 Ausgehend von der Vorwärtsstellung dreht man die Ferse des vorderen Fußes einwärts, während man das Gewicht auf die Ballen dieses Fußes legt.
2 Das hintere Bein rückt nach vorne, wobei die schulterbreite Stellung der Füße beibehalten wird.
3 Der hintere Fuß gleitet nach vorne, so daß er zum vorderen Fuß wird.
4, 5, 6 Die Bilder zeigen die gleiche Bewegung mit dem anderen Fuß.

Ein gegenseitiger Stoß, der in der Vorwärtsstellung ausgeführt wird.

## Drehung in die Vorwärtsstellung

Während man die Stellung der Schulter und der Hüften beibehält, überkreuzt man mit dem rechten Fuß nach links, so daß die Füße wieder schulterweit auseinanderstehen. Dann dreht man die Hüften und beschreibt mit Oberkörper und Beinen einen Halbkreis. Man beachte, daß der Kopf der Bewegung vorausgeht. Man dreht die Hüfte in eine Senkrechte, das vordere Knie wird in die richtige Beugung gebracht, das hintere Bein wird ausgestreckt und die Ferse auf den Boden gepreßt.

*Obere Bildreihe*
Die Drehung in die Vorwärtsstellung, von der Seite gesehen

*Untere Bildreihe*
Dieselbe Drehung von vorne gesehen

1 Ausgangsposition, Rückwärtsstellung
2 Die Ferse des vorderen Fußes
  wird in einem Winkel von 45° zum
  hinteren Fuß aufgesetzt.
3 Das Gewicht wird auf den vorderen Fuß verlagert und das
  hintere Bein nach vorne gerutscht.
4 Mit der richtigen Gewichtsverteilung auf beide Füße wird der
  Fußballen des vorderen Fußes
  auf den Boden gedrückt und die
  Ferse angehoben.
5, 6, 7 Die gleiche Bewegung mit
  dem anderen Bein.

## Bewegung in die Rückwärtsstellung

In allen Stellungen ist es wichtig, daß der richtige Abstand der Füße sowohl von vorn nach hinten, wie auch zu den Seiten beibehalten wird.

In der Rückwärtsstellung ist der Abstand zwischen dem hinteren und dem vorderen Fuß ca. 60 cm, gemessen von den Zehen des hinteren Fußes. Wird der Abstand verkürzt, wird die Stellung weniger stabil. Der Abstand zwischen den Füßen von vorne gesehen beträgt ca. 40 bis 60 cm. Wird dieser Abstand verringert, wird die Stellung sehr schwach, weil die Füße genau hintereinander stehen, das Ganze wird zu einem Balanceakt.

Das gleiche gilt für die Vorwärtsstellung. Auf dem Foto unten links können Sie sehen, daß ein leichter Stoß das Gleichgewicht des Schülers brechen kann, wenn die Fußstellung falsch ist, während die andere Stellung richtig ist und ein kräftiger Stoß mit beiden Händen die Stellung nicht erschüttern kann.

Hier stehen die Füße in einer Linie, mit dem Ergebnis, daß bei einem Stoß die Balance verlorengeht.

Die Füße stehen richtig, die Stellung ist stabil.

## Drehungen in der Rückwärtsstellung

Es gibt zwei Arten sich in dieser Stellung zu drehen: Bei der ersten führt man die Bewegung mit dem vorderen, bei der zweiten mit dem hinteren Bein aus. Die Bilder der oberen Reihe zeigen die erste und die Bilder der unteren Reihe die zweite Methode.
Erinnern Sie sich, daß das Wichtigste bei allen Bewegungen der Gebrauch der Hüfte ist. Die Schultern müssen den Hüften folgen, sie dürfen sie nicht führen.

*Obere Bildreihe*
1 In der Ausgangsstellung ist das Gewicht zu 70% auf das hintere, zu 30% auf das vordere Bein verteilt.
2 Der vordere Fuß gleitet aus der Ausgangsstellung nach links in den gleichen seitlichen Abstand zum anderen wie vorher.
3 Die Wendung wird mit einer Drehung der Hüften eingeleitet.
4 Während die Drehung um 180° abgeschlossen wird, geht man etwas mehr in die Knie.

*Untere Bildreihe*
1 Das Gewicht wird hauptsächlich auf den vorderen Fuß verlagert. Die Ferse kommt auf den Boden.
2 Der hintere Fuß kreuzt in gerader Linie die Höhe des vorderen Fußes.
3 Die Körperwendung wird durch Drehung der Hüften um 180° ausgeführt.
4 Die Drehung wird abgeschlossen. Es muß darauf geachtet werden, daß gut Balance gehalten wird.

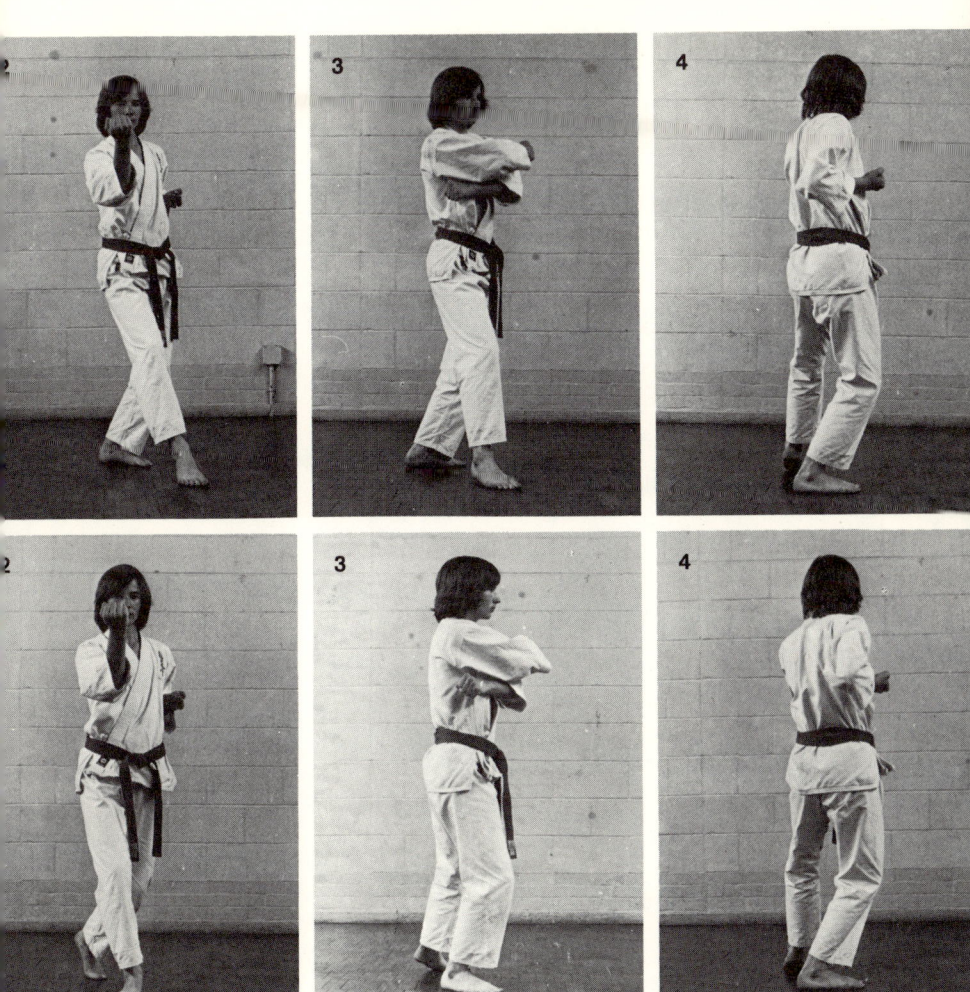

Der Karateka links weicht einem hohen Fußstoß aus und kontert mit Gyaku-Zuki.

Die meisten Körperteile können als Waffe benutzt werden, wenn die Umstände es verlangen, sogar die Hüften, die Schultern, das Schienbein oder der Hinterkopf. In diesem Buch wollen wir die wichtigsten Schlagflächen zeigen: die Vorderknöchel der Faust (Seiken), die hinteren Knöchel der Faust (Uraken), die auch manchmal die »umgekehrte Faust« genannt wird, die Handkante (Shuto) und der Ellenbogen (Hiji).

Während des Karatetrainings wird man Sie lehren, wie man eine feste Faust bildet. Eine schlecht oder zu locker gebildete Faust wird verletzt, wenn sie auf einen harten Gegenstand trifft – und könnte sogar beim Schlag auf einen Sandsack verletzt werden. Eine richtig geformte Faust ist daher äußerst wichtig.

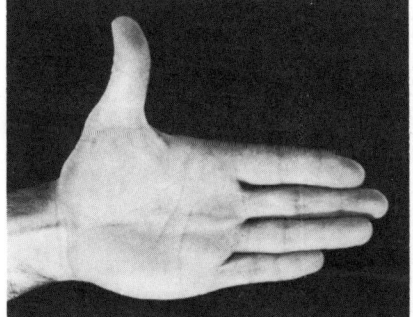

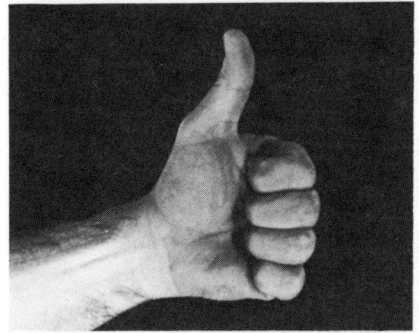

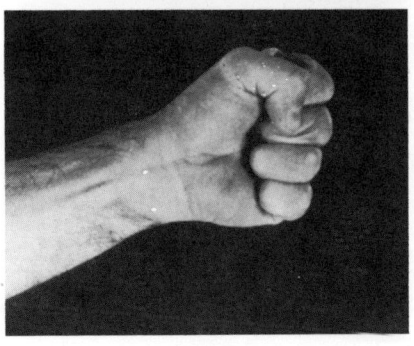

Bildung einer Faust

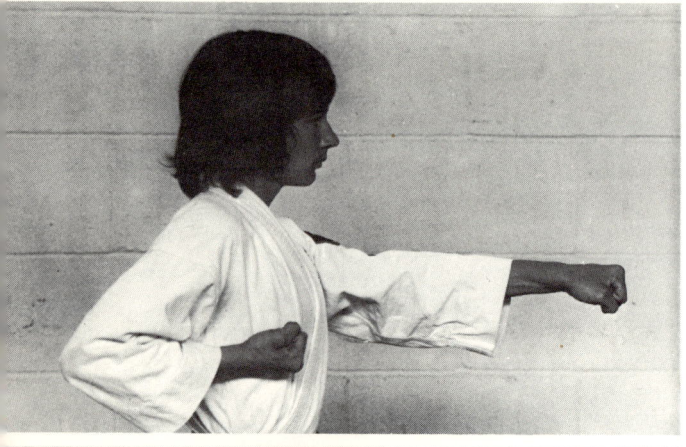

Mittlerer Schlagstoß

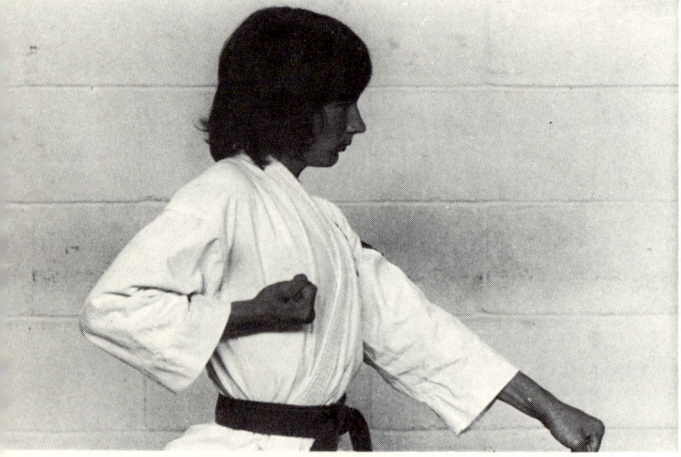

Tiefer Schlagstoß

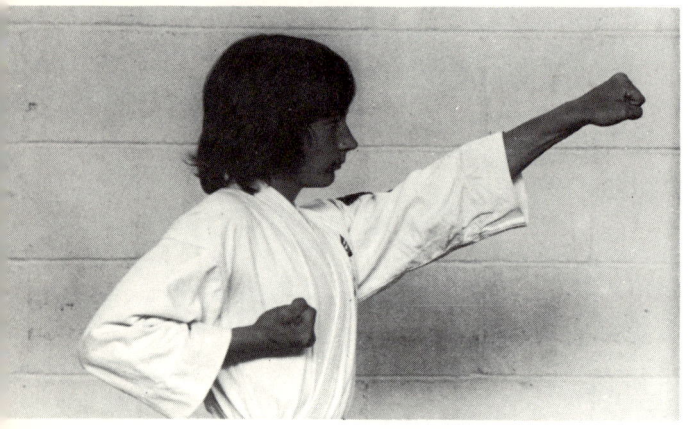

Hoher Schlagstoß

Die Schultern fallen nicht nach vorne ab. Der Karateschlag beansprucht hauptsächlich Hüft-, Bein- und Rückenmuskulatur, die im Augenblick des Aufschlages angespannt werden muß.

Ein gegenseitiger Stoß mit der Vorderfaust.
Beachten Sie, wie tief die Schultern gehalten werden.

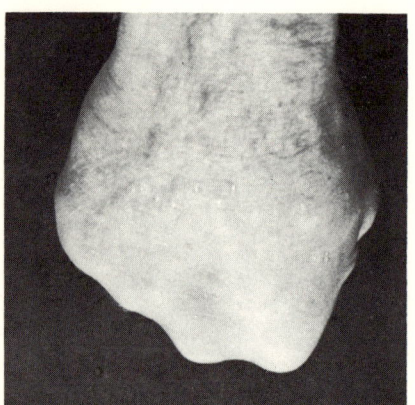

Vorderfaust von oben gesehen

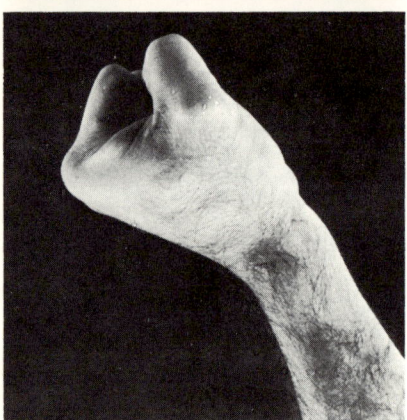

Gedrehte Faust oder Rückfaust von der Seite

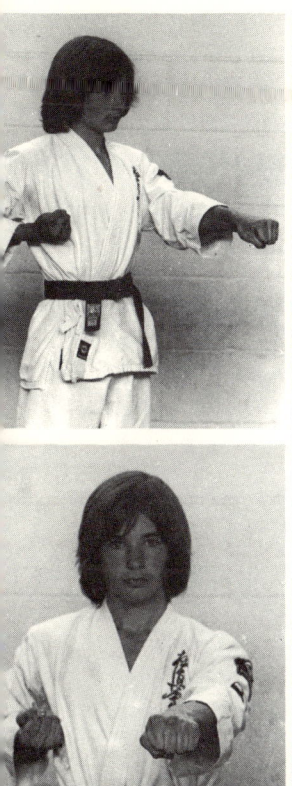

### Schlag mit der Vorderfaust

Wenn ein Arm schlägt, wird der andere gleichzeitig zurückgezogen. Der Schlag ist mit einer Drehung der Faust verbunden, die kurz vor dem Auftreffen durchgeführt wird, um einen größtmöglichen Effekt zu erzielen.

1 Ausgangsstellung zum Schlag mit der Vorderfaust seitlich (obere Bildreihe) und von vorne (untere Bildreihe) gesehen.
2 Bei der Ausführung des Stoßes mit dem rechten Arm wird gleichzeitig der linke Arm zurückgezogen.
3 Wichtig ist, daß die Faust erst kurz vor dem Auftreffen gedreht wird.

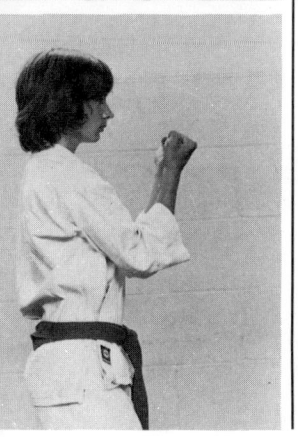

## Schlag mit der gedrehten Faust

Sie sehen den Schlag mit der gedrehten Faust einmal von vorne und einmal von der Seite. Der Schlagarm schnappt nach dem Schlag sofort in die Ausgangsposition zurück.

1 Ausgangsstellung für den Schlag mit der gedrehten Faust. Obere Reihe von vorne, untere Reihe seitlich gesehen.
2 Der Beginn des eigentlichen Schlages. Die rechte Faust schnellt nach vorne.
3 Der Schlagarm sollte nicht ganz gestreckt und sofort wieder zurückgezogen werden.

◁ Einsatz und Spannung beim Karate drückt dieses Wettkampfbild aus.

## Der Halbkreisfaustschlag

Wie seinem Namen zu entnehmen ist, beschreibt die Faust hier einen Halbkreis. Er beginnt hinter dem Rücken und endet in Kopfhöhe des Gegners. Die Schlagkraft wird dadurch verstärkt, daß der andere Arm zurückgezogen und mit der Hüfte eine kreisförmige Bewegung ausgeführt wird.

1 Ausgangsstellung für den Halbkreis-
   faustschlag.
2 Der Schlagarm wird hinter den Rücken
   geführt, der andere Arm schützt den Körper.
3 Beide Arme machen eine kreisförmige
   Bewegung.
4 Die Endphase des Schlages. Die Arme sind
   jetzt gegengleich zur Ausgangsstellung.

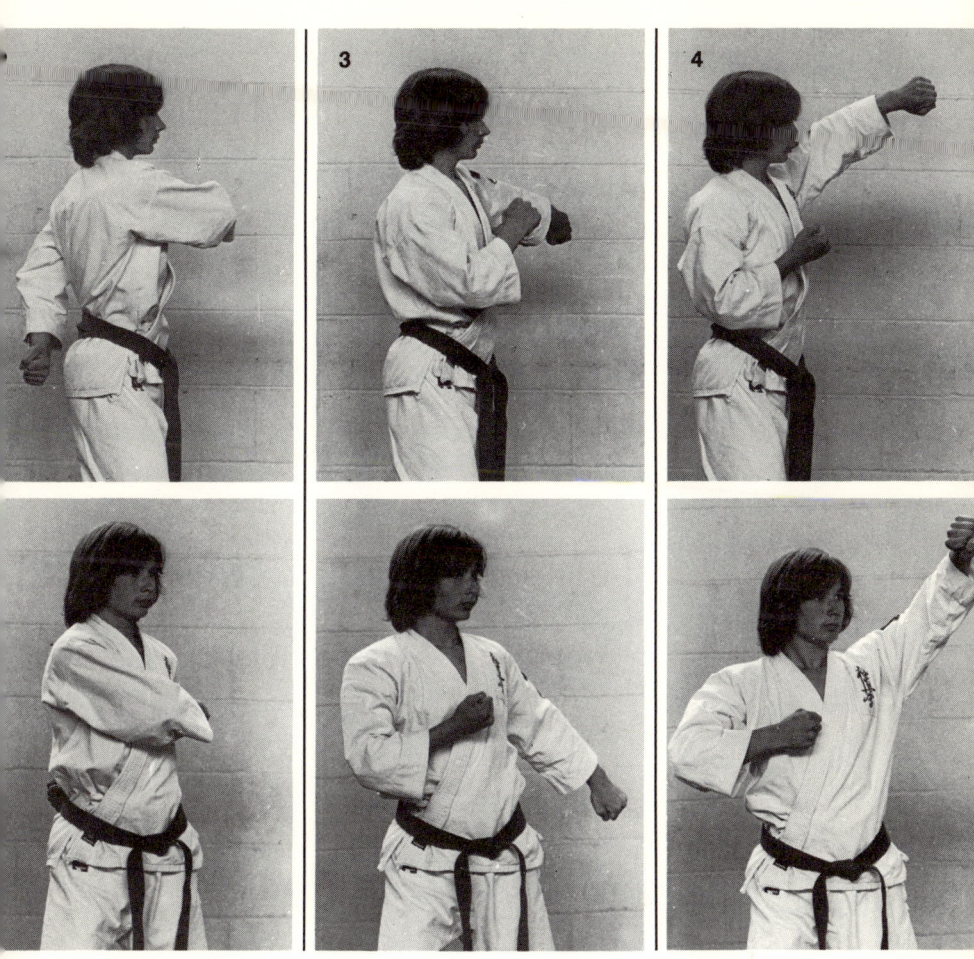

## Schlag mit der Handkante

Die Schlagfläche ist der letzte Mittel-
handknochen, der vor dem kleinen
Finger beginnt. Die Zonen, auf die
man normalerweise zielt, sind der
Kopf des Gegners (direkt über den
Ohren), das Schlüsselbein und die
Milz. Die Finger der schlagenden
Hand sind dicht zusammengepreßt,
und der kleine Finger soll auch beim
Aufprall aus dieser Stellung nicht
abrutschen.

1 Ausgangshaltung für einen Schlag gegen
  den Kopf.
2 Ein Arm schützt den Körper, während der
  andere hinter den Kopf genommen wird.
3 Der Schlagarm beschreibt einen Kreis.
4 Der Schlag gegen das Schlüsselbein.
5 Der Schlag gegen den Kopf des Gegners.

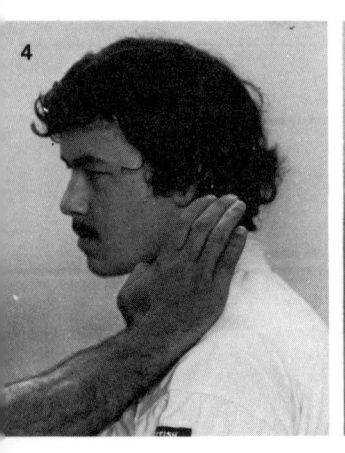

40

1 Der Gegner klammert von hinten über den Armen.
2 Ein Schlag mit dem Ellenbogen gegen den Rumpf, um den Griff des Gegners zu lockern.

## Ellenbogenstoß

Der Ellenbogen ist eine äußerst wirkungsvolle Waffe, besonders dann, wenn sich ein Gegner Ihnen bereits soweit genähert hat, daß kein Tritt oder anderer Schlag mehr möglich ist.
Bei jedem Grundschlag (z. B. einem Schlag mit der Vorderfaust) führt der Übende auch einen Ellenbogenstoß aus. Der Schlagarm geht nach vorn, während der andere Arm zurückgezogen wird, was einen Ellenbogenschlag gegen den Rumpf bedeutet. Der Ellenbogen wird normalerweise als Waffe gegen den Kopf oder Oberkörper benutzt.

Schlag zum Körper

Schlag zum Kopf

Schlag in den Rücken

# 6

*Fußtritt und
Sprungfußtritt*

Da man beim Tritt mit nur einem
Bein auf dem Boden steht, kann die
Ausführung nur gelingen, wenn
das Gleichgewicht beibehalten wird.
Mit dem Standfuß fest auf dem Bo-
den müssen die Fußknöchel, Knie
und Hüften fixiert werden, um den
Körper im Gleichgewicht zu halten.

1 Zu Beginn wird das Knie des Trittbeines
angehoben – je höher das Ziel ist, desto
höher muß das Knie angezogen werden.
Bei dieser Bewegung bleibt der Fuß dicht
am anderen Bein.
2 Das Knie des Standbeines sollte während
des Trittes gebeugt sein.
3 Die Hüften sollten niedrig gehalten werden.
Sie drücken in die Richtung des Trittes,
um ein Maximum an Kraftwirkung zu
erzielen.
4 Das Trittbein sollte sofort nach Ausführung
des Trittes zurückgeholt werden, um die
Stabilität zu sichern und um zu verhindern,
daß der Gegner nach dem Bein schlägt.

Der Stoß, der vorher gezeigt wurde, zielt auf die mittlere Körperpartie des Gegners. Der Tritt, der auf den folgenden Bildern gezeigt wird, ist ein hoher Tritt. Das ausführende Bein bildet einen Winkel von 45 Grad mit der Horizontalen. Beachten Sie, wie die Arme das Gleichgewicht unterstützen.

Der hohe kreisförmige Tritt ▷
von der Seite

### Hoher Tritt mit dem Fußballen

Bei diesem Tritt, der hauptsächlich die Beine, Hüften und das Gesäß kräftigt, schwingt das Bein wie ein Pendel. Das Bein ist während der gesamten Bewegung gestreckt und die Zehen sind zurückgebogen.

Ausgangsstellung für den Tritt mit dem Fußballen

Hochreißen des gestreckten Beines

Hoher Ausschwung des Beines. Die Arme dienen der Balancehilfe

Das Knie wird angewinkelt gehoben . . .

und mit der Fußaußenkante wird nach unten getreten.

## Tritt mit der Fußaußenkante zum Knie

Dieser Tritt dient der Stärkung der Hüftmuskulatur. Vor allem im Nahkampf ist er eine wichtige Waffe. Bei diesem Tritt (und bei dem auf S. 47 oben abgebildeten Tritt zur Hüfte) wird die Fußkante benutzt. Der große Zeh wird hochgezogen, während der Fuß nach unten zeigt.

Ein hoher seitlicher Tritt wird mit einem Tritt zur Hüfte gekontert.

## Seitlicher Tritt zur Hüfte
## oder darüber

*Oben* Ein Tritt zur Hüfte des Gegners seitlich
und von vorne gesehen. Der Stoß wird zur
Seite ausgeführt.
*Unten* Ein Tritt zum Kopf des Gegners.
Zu beachten ist die gut ausbalancierte Stellung.

## Halbkreisfußtritt

Dies ist ein für Anfänger sehr schwieriger Tritt, weil er ein ausgeprägtes Gleichgewichtsgefühl verlangt. Die Zusammenarbeit zwischen Ober- und Unterkörper muß gut abgestimmt sein, weil die Hüften sich während des Trittes drehen. Der Oberkörper darf nicht zurückgelegt werden – die Bauchmuskulatur hält hier das Gleichgewicht.

1 Das angewinkelte Bein wird hoch seitwärts gehoben.
2 Mit einer Hüftdrehung wird der Fuß in einem Kreis nach vorne geschwungen.
3 Das Ziel sollte mit dem Fußballen getroffen werden.

Ein hoher Halbkreisfußtritt. Zu beachten ist die Stellung des Standbeines.

## Rückwärtstritt

Zur meisterlichen Ausführung dieses Trittes benötigt man ein gutes Gleichgewichtsgefühl.

Es ist nicht immer leicht, diesen Tritt einwandfrei durchzuführen. Große Bedeutung kommt dabei der richtigen Stellung der Hüften zu (siehe Foto unten). Wie in allen Karatetechniken werden auch hier die Hüften benötigt, um den Druck zu verstärken. Zuerst heben Sie das Knie und drehen gleichzeitig den Kopf, um nach hinten zu sehen. Dann lehnen Sie sich nach vorne und treten mit der Ferse. Achten Sie darauf, daß der Tritt genau ausgeführt wird und ziehen Sie anschließend das Bein sofort zurück.

Der Vorteil dieses Trittes ist, daß er schwer abzublocken ist. Der Angegriffene sollte zur Verteidigung besser versuchen, die Schulter bzw. den Oberkörper seitlich zu drehen und damit eine kleine Angriffsfläche zu bieten, als mit Händen oder Armen einen Block zu bilden.

Ein seitlicher Sprungtritt
wird über einen seitlichen Tritt
ausgeführt. Das untere Bein
schützt den Unterkörper.

## Sprungtritte

Diese Tritte sehen sehr spektakulär aus und können einen Gegner unvorbereitet treffen. Sie können den Angreifer aber auch in eine gefährliche Lage bringen, wenn sie nicht gut ausgeführt werden.
Im allgemeinen versucht man, hoch zu springen, im höchsten Punkt des Sprungs zuzutreten, wieder im Gleichgewicht zu landen, um wieder sofort kampfbereit zu sein. Es ist notwendig, eine stabile Lage sowohl beim Sprung als auch bei der Landung beizubehalten, deshalb sollte der Oberkörper immer in Trittrichtung zeigen. Sprungtritte gibt es als Vorwärts-, Seitwärts-, Kreis- und Rückwärtstritt.

◁ Das Bein wird gestreckt nach hinten geführt, und der Oberkörper dabei leicht nach vorne gebeugt, um das Gleichgewicht besser halten zu können.

# 7

## Blocks und Verteidigung

Das Grundprinzip des Blocks ist es, den Angriff abzulenken und gleichzeitig den Verteidiger im guten Gleichgewicht zu halten, was ihm erlaubt zu kontern, bevor der Angreifer erneut zuschlagen kann. Ein wuchtig ausgeführter Block mit dem richtigen Timing hat eine derart lähmende Wirkung auf den Angreifer, daß ein weiterer Schritt zur Verteidigung meist unnötig ist.

1 Die Mitte des Oberkörpers wird mit dem Arm abgedeckt.
2 Die Faust des anderen Armes kommt vor den Deckungsarm.
3 Der blockende Arm wird gehoben.
4 Den Arm kräftig nach oben stoßen, die Bewegung wird aus den Beinen und Hüften verstärkt.
5 Der vollständig ausgeführte Block gegen einen Angriff zum Kopf. Man beachte, daß der Deckungsarm sich weit vor dem Kopf befindet.

### Hoher oder steigender Block

**5**

**4**

## Mittlerer Block von außen

1 Den Oberkörper schützt man mit einem
  Arm. Der Blockarm wird hinter den Kopf
  geführt.
2 Der blockierende Arm wird vor den Körper
  geschwungen . . .
3 . . . während Arm und Handfläche einwärts
  drehen. Der Block wird genau vor dem
  Körper beendet.
4 Der vollständige Block gegen einen Angriff
  in der Gesamtansicht.

## Mittlerer Block von innen

1 Die Ausgangshaltung für den Block von
  innen
2 Der blockende Arm dreht auf, die Daumen-
  seite der Faust geht nach außen
3 Die blockende Faust kommt seitlich auf
  Höhe der Schulter
4 Der vollständige Block von innen in der
  Gesamtansicht

## Tiefer Block oder Parade

Er wird meistens zur Abwehr von
Tritten gegen die Leisten und den
Unterkörper gebraucht.
Alle gezeigten Blöcke können zur
Verteidigung gegen Stöße und Tritte
gebraucht werden. Zur Abwehr eini-
ger Tritte ist es wegen ihrer Härte
notwendig, beide Hände zu gebrauchen (siehe Foto S. 57 unten).

1 Ausgangshaltung. Eine Hand schützt immer
den Unterkörper.
2 Der blockende Arm wird von hinten oben
nach vorne unten geschlagen.
3 Block vor dem Körper. Der andere Arm
geht in die Ausgangsstellung für einen
Schlag zurück.

Der vollständige tiefe Block

Ein Block mit gekreuzten Händen
gegen einen Tritt.
Bemerkenswert ist die
Standfestigkeit des Verteidigers.

Block mit gekreuzten Händen gegen
einen Schlag von oben nach unten

Block mit geöffneten Handflächen

Tiefer Block mit der Handfläche

Block mit dem Schienbein

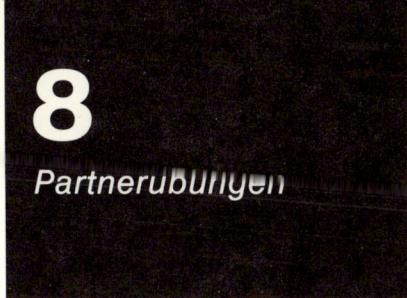

# 8
## Partnerübungen

Einen Vorteil hat Karate gegenüber vielen anderen Sportarten: Man kann auch viel allein trainieren. Stöße, Tritto, Katas und die Arbeit am Sandsack sind nach den Anweisungen des Trainers ohne Partner auszuführen. Man kann zu Hause trainieren, im Wohnzimmer, im Garten oder in einem Park.
Es gibt natürlich auch Gelegenheiten, da braucht man einen Partner. Zum Beispiel, um die Erfahrung für das richtige Timing der Verteidigungsbewegungen zu sammeln, um mögliche Reaktionen eines Gegners zu studieren oder einfach, um das Abblocken zu üben. In diesem Buch legen wir Ihnen nah, das Partner-Grundtraining in drei Stufen aufzuteilen:

a) Beide Partner stehen am Ort.

b) Ein Partner macht einen einfachen Angriff, der andere blockt ab. Ist der Verteidiger geübt, Angriffe zu blockieren, soll er sofort nach dem Block kontern.

c) Die dritte Stufe ist ähnlich der zweiten, nur mit dem Unterschied, daß der Angreifer Schrittbewegungen vorwärts macht. Bei jedem Schritt wird der gleiche Angriff geübt. Nach dem dritten Block kontort der Verteidiger mit einem Schlag gegen den Angreifer. Die Partner wechseln sich als Angreifer und als Verteidiger ab.

Beginnen Sie die Bewegungen auf jeder Stufe langsam, aber bestimmt. Erinnern Sie sich daran, daß es die Aufgabe eines jeden ist, mit dem Partner zusammenzuarbeiten. Den Partner zu schlagen, wenn er abgelenkt ist, bringt weder einen Preis, noch schafft es Freunde; es ist auch nicht im Geist des Karate. Sie und Ihr Partner wollen in der Ausführung der verschiedenen Angriffe und Blocks Erfahrung sammeln. Denn sicher wird Ihr Ziel einmal sein, den schwarzen Gürtel tragen zu dürfen. Um das zu erreichen, müssen Sie zielstrebig und geduldig trainieren.

## Grundtraining zweier stehender Partner

Nach dem Ende jeder Übung gehen die Partner in die Ausgangsstellung zurück und tauschen die Rollen. Der Angreifer wird Verteidiger und der Verteidiger wird Angreifer.
Sie sollten die Übungen im Sparring zu Beginn mit Vorsicht ausführen. Achten Sie aber darauf, daß die Techniken sauber und richtig aus-

Dies ist die Ausgangsstellung für Partner-übungen. Man sollte so nah zusammenstehen, daß man den Partner auch treffen könnte, wenn er nicht abblocken würde.

geführt werden. Wenn Sie Angreifer sind, schlagen Sie nur so schnell, daß der Partner jederzeit die Möglichkeit hat, den Schlag abzublok-ken. Vertrauen Sie nicht darauf, daß er den Angriff abwehren kann.
Wenn das Blocken beherrscht wird, kann man die Geschwindigkeit und Kraft des Angriffs steigern.

◁ *Angreifer:* Schlag zum Gesicht mit der linken Hand
*Verteidiger:* Hoher Block mit der rechten Hand

*Angreifer* Schlag zum Gesicht mit der rechten Hand
*Verteidiger* Hoher Block mit der linken Hand ▷

◁ *Angreifer* Schlag mit der linken Hand zum Solar Plexus
*Verteidiger* Führt mit der rechten Hand einen Block von außen nach innen durch.

*Angreifer* Schlag mit der rechten Hand zum Solar Plexus
*Verteidiger* Führt mit der linken Hand Block von außen nach innen durch ▷

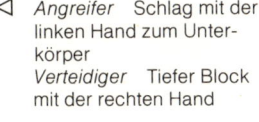

◁ *Angreifer* Schlag mit der linken Hand zum Unterkörper
*Verteidiger* Tiefer Block mit der rechten Hand

*Angreifer* Schlag mit der rechten Hand zum Unterkörper
*Verteidiger* Tiefer Block mit der linken Hand ▷

## Einschrittübungen

In allen Beispielen geht der Angreifer aus der Vorwärtsstellung (Zenkutsu Dachi) vor. Der Verteidiger geht in die gleiche Stellung zurück.

*Angreifer* Geht mit einem Schlag nach oben vor
*Verteidiger* Geht mit einem hohen Block zurück

*Verteidiger* Beantwortet den Angriff sofort mit einem hohen Schlag

◁ *Angreifer* Geht mit einem mittelhohen Schlag vor
*Verteidiger* Geht mit einem mittelhohen Block von außen zurück . . .

. . . und kontert mit einem Ellenbogenschlag gegen den Körper oder das Kinn ▷

◁ *Angreifer* Geht mit einem Schlag gegen den Kopf vor
*Verteidiger* Verteidigt mit einem hohen Block, nimmt die andere Hand zurück . . .

. . . und schlägt mit der Handkante zum Kopf des Angreifers ▷

◁ *Angreifer* Greift mit einem Tritt in Hüfthöhe an
*Verteidiger* Blockt mit einem tiefen Block ab, während die andere Hand in Schlagposition ist . . .

. . . und kontert mit einem gegenseitigen Schlag zum Kinn ▷

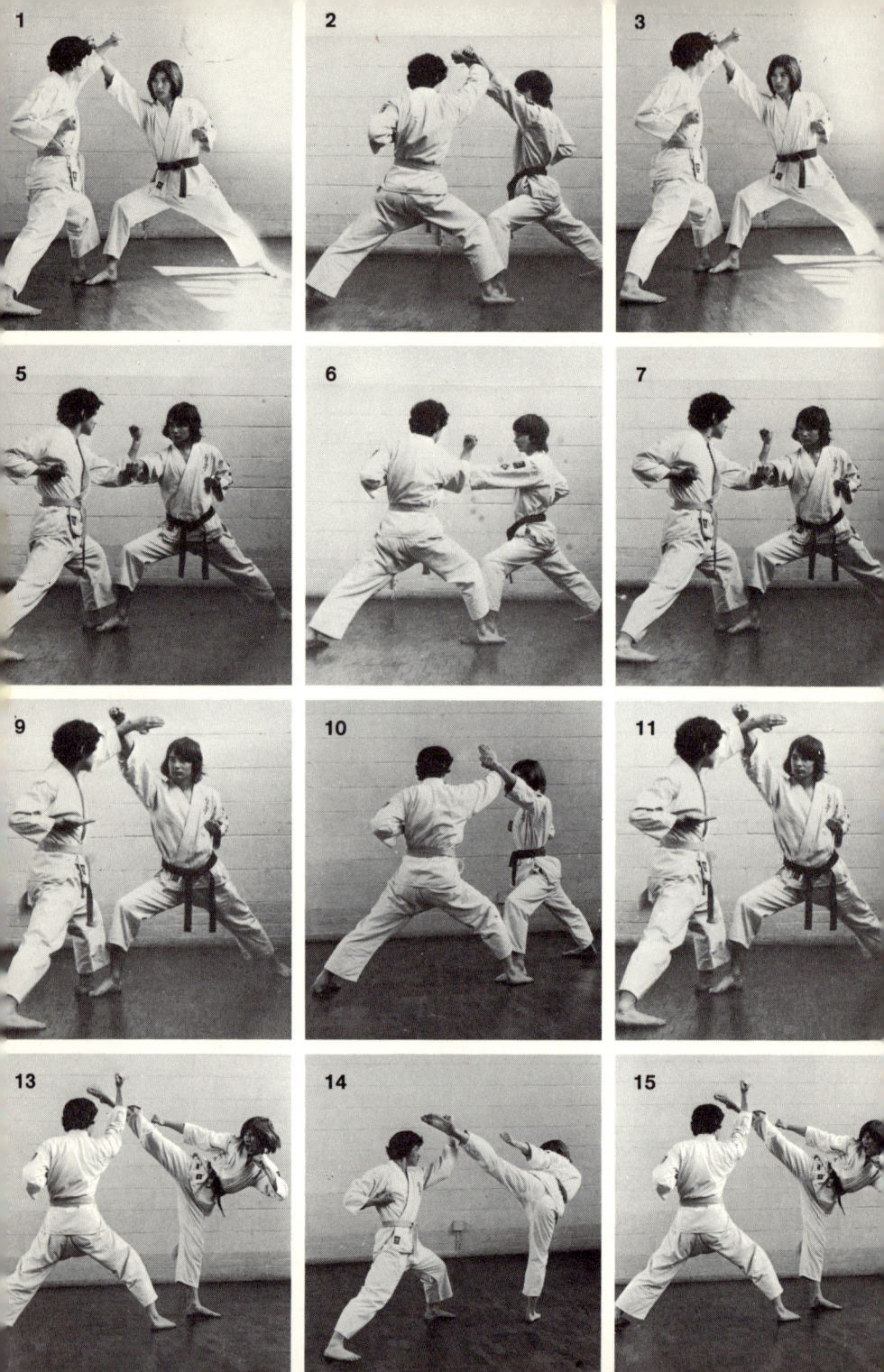

**4**

**8**

## Dreischrittübungen

Die oben abgebildeten Beispiele geben eine
Vorstellung von den vielen möglichen Angriffen
und Gegenangriffen, die in den »Ein-Schritt«-
und »Drei-Schritt«-Übungen trainiert werden
können.
Das Hauptziel sollte sein, die Bewegungen
flüssig durchzuführen. Die vorgegebenen Methoden des Sparrings werden Ihnen helfen, Ver-
teidigungs- und Angriffstechniken zu verbin-
den und Ihre Reaktionsfähigkeit zu erhöhen. Es
ist wichtig, daß die Techniken sowohl des Angreifers als auch des Verteidigers sauber sind.
Die Stellungen sollten tief und fest sein, die
Hüften sind immer hinter den Blöcken und An-
griffsbewegungen. Alle Techniken müssen vollständig ausgeführt werden, auch wenn die
Schläge kurz vor dem Ziel enden.

1 – 4 Bei jedem Schritt führt der Angreifer einen hohen
Schlag aus. Der Verteidiger antwortet jedesmal mit
einem hohen Block. Nach dem dritten Angriff und
Block kontert der Verteidiger mit einem kreisförmigen
Tritt zum Kopf.

5 – 8 Bei jedem Schritt führt der Angreifer einen mittelhohen Schlag aus. Der Verteidiger blockt mit einem
mittelhohen Block von außen ab. Nach dem dritten
Angriff und Block gleitet der Verteidiger nach links
neben den Angreifer und kontert mit einem geraden
Schlag auf die Rippen.

9 –12 Der hohe Schlag wird jedesmal mit einem hohen
Block mit geöffneten Handflächen beantwortet.
Nach dem dritten Angriff und Block drückt der Verteidiger den Schlagarm des Angreifers seitlich nach
unten, um dessen Gleichgewicht zu brechen, und
kontert mit einem Ellenbogenstoß gegen das Kinn.

13 –17 Der Angreifer wendet einen hohen kreisförmigen
Tritt an. Der Verteidiger blockiert mit einem Arm vor
dem Körper. Zu beachten ist, daß der Verteidiger
bei jedem Block seine Fußstellung verändert. Nach
dem dritten Tritt und Block führt der Verteidiger
einen Schlag mit den Knöcheln gegen den Kopf des
Angreifers aus, dann folgt ein gerader Schlag gegen
den Solar Plexus.

**12**

**16**

**17**

# 9

## Karate Katas

In den Katas müssen die Ausführungen der Angriffs- und Verteidigungstechniken eine bestimmte Reihenfolge haben, und die Kata muß in einer bestimmten Zeit durchgeführt werden. Die Absicht ist, die Perfektion des Stils zu zeigen, wie er durch den Gründer oder die Schule festgelegt wurde.

Viele Katas sehen noch genauso aus, wie vor langer Zeit, als sie erdacht wurden. Nur geringfügige Änderungen wurden durch die großen Meister in vielen Jahren durchgeführt. Eine der berühmtesten Katas, die vor allem von okinawanischen und japanischen Schülern des Karate gezeigt wird, ist die Kanku oder Kusanku. Kusanku ist der Name eines berühmten Chinesen, der von China aus nach Okinawa ging und dort einige berühmte Karatemeister unterrichtete.

Katas unterstützen den Anfänger, die Grundbewegungstechniken zu lernen, dabei bilden sie eine Brücke von den Techniken in den Standpositionen, den »Ein-Schritt«- und »Drei-Schritt«-Übungen hin zum freien Kampf. Die Katas stellen die »Kunst« des Karate dar, und von einem Meister vorgeführt, sind diese Karate-»Tänze« sowohl für erfahrene Karatekas als auch für unvoreingenommene Zuschauer packend anzuschauen.

Ungeachtet der Tatsache, daß die Katas als »Tänze« angesehen werden können, lassen Geschwindigkeit und Kraft der Vorführung keinen Zweifel an ihrer Effektivität in einem wirklichen Kampf.

Manche Karatestile haben mehr als 50 Katas, andere hingegen weniger als 15. Die einzelnen Katas verfolgen verschiedene Absichten. Einige wollen die Schnellkraft fördern, andere werden zur Stärkung der Grundkraft praktiziert. Die drei ersten Katas, die die Anfänger lernen, sind Taikyoku eins, zwei und drei. Das sind Übungen zur Körperbeherrschung, leicht zu lernende Bewegungsabläufe, in denen man einfache Blocks und gerade Schläge benutzt. Die Kata, die in diesem Buch gezeigt wird, ist Taikyoku drei, die aus zwei Stellungen, der Vorwärts- und Rückwärtsstellung besteht, dazu aus dem mittelhohen und hohen Schlag, sowie aus zwei Blocks, dem tiefen Block und dem mittelhohen Innenblock.

Der Bewegungsablauf von Taikyoku III, d. h. die Fußbewegungen, ihre Reihenfolge und die Richtungen, sieht man in der Grafik S. 67. Auf den Seiten 68–76 ist der Bewegungsablauf in Bildserien erläutert. Die Zeit, in der ein Anfänger die Kata ausführen sollte, liegt zwischen 28 und 30 Sekunden.

## Fußbewegungen zu Taikyoku III

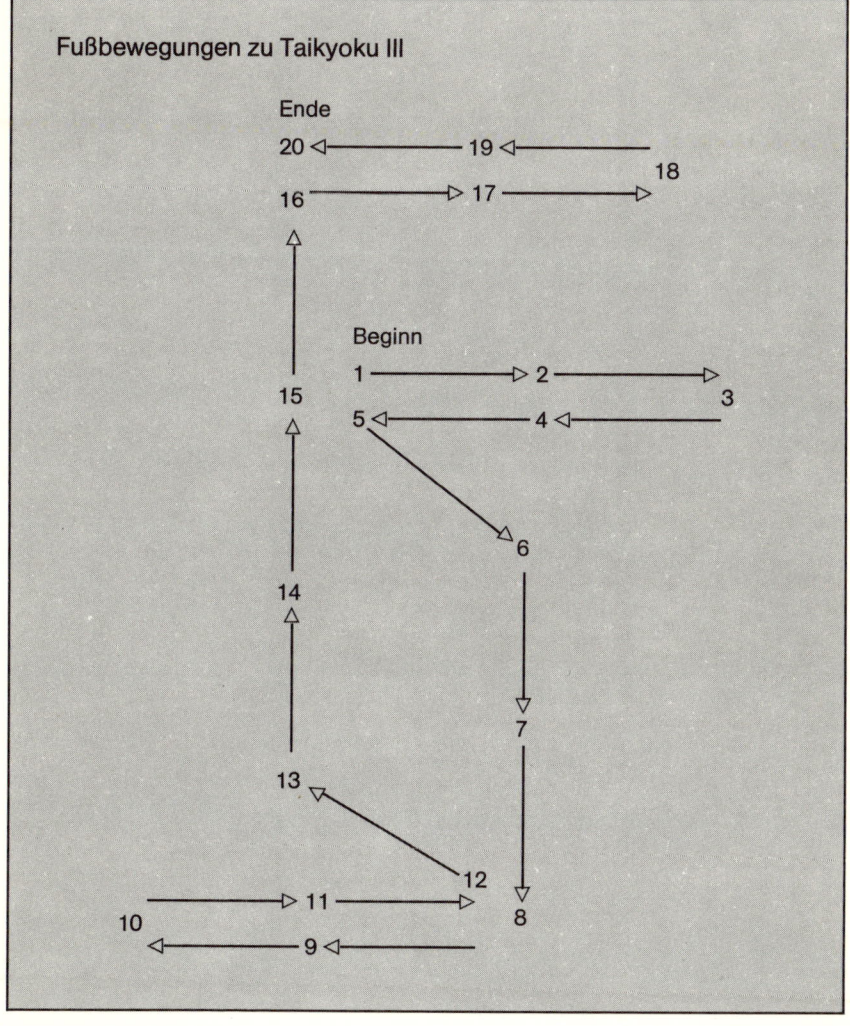

**Taikyoku III**

1 Ausgangsstellung (Fudo-Dachi-Stellung).
2 Man bewegt das linke Bein seitlich nach hinten und steht auf beiden Fußballen.
3 In die Rückwärtsstellung nach links drehen und mit dem linken Arm den mittelhohen Innenblock beginnen.
4 Den mittelhohen Block ausführen.
5 Mit dem rechten Bein in die Vorwärtsstellung (Zenkutsu-Dachi) bewegen und einen geraden mittelhohen Schlag ausführen.

6 Den vorderen (rechten) Fuß diagonal nach hinten bewegen und mit der Ausführung des mittelhohen Innenblocks mit dem rechten Arm beginnen.
7 In die Rückwärtsstellung drehen und den Block vervollständigen.
8 Das Gewicht auf den linken Fuß verlagern (Vorwärtsstellung). Mit der linken Hand einen mittelhohen geraden Schlag ausführen.

1 Den linken Fuß nach rückwärts in die gezeigte Stellung ziehen. Sie führt in eine Art
Vorwärtsstellung mit einem seitlichen Fuß-
abstand von einer Schulterbreite und einem
Abstand nach vorne von zwei Schulter-
breiten. Ein tiefer Block mit dem linken Arm
wird angesetzt und der Körper mit dem
rechten Arm geschützt.

2 Die Hüften und Beine werden in die Vorwärtsstellung gedreht und der tiefe Block
vervollständigt.

3 Aus der gleichen Stellung vorwärtsgehen
und einen hohen geraden Schlag ausführen.

4 Stellung und Bewegung wie auf dem Bild
links, nur gegengleich.

5 Ein dritter Schritt und ein Schlag mit der
rechten Hand.

6 Das hintere Bein in die gezeigte Stellung
bringen und damit eine Drehung um 270°
einleiten.

7 Die Drehung endet in der Rückwärtsstellung. Ein mittelhoher Innenblock wird ange-
schlossen.

8 Den Innenblock abschließen.

 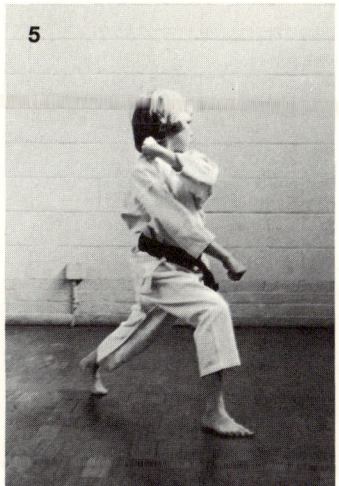 

1 Mit dem rechten Bein einen Schritt vorwärts-gehen und mit dem rechten Arm stoßen.
2 Das vordere (rechte) Bein zurückstellen, damit bewegt man sich in die entgegen-gesetzte Richtung. Mit dem rechten Arm einen mittelhohen Innenblock einleiten.
3 Die begonnene Bewegung und den Block beenden.
4 Mit dem linken Bein einen Schritt vorwärts-gehen, und mit der linken Faust schlagen.

5 Das linke Bein in die gezeigte Stellung zu-rücknehmen, damit in die Vorwärtsstellung gedreht werden kann. Den tiefen Block mit dem linken Arm einleiten, den Körper mit dem rechten Arm schützen.
6 Die Drehung in die Vorwärtsstellung be-enden und den Block vervollständigen.
7 Mit einem Schritt vorwärts mit der rechten Faust schlagen.
8 Ebenso wie 7, nur gegengleiche Bewegung.

74

**5**          **6**

1 Einen Schritt vorwärtsgehen und mit dem rechten Arm schlagen.

2 Eine Drehung um 270° wird eingeleitet, indem das hintere (linke) Bein in die gezeigte Stellung gebracht wird. Dabei mit dem linken Arm einen mittelhohen Innenblock beginnen.

3 Die Drehung führt in die Rückwärtsstellung, den Block beenden.

4 Das rechte Bein vorstellen, mit der rechten Faust schlagen.

5 Die Drehung in die entgegengesetzte Richtung einleiten, indem man das vordere Bein diagonal zum hinteren bewegt. Gleichzeitig den mittelhohen Innenblock beginnen.

6 Block und Drehung beenden.

7 Einen linken gegenseitigen Stoß ausführen.

8 Das linke Bein in die ursprüngliche Ausgangsstellung zurücksetzen, die Fersen anheben.

Die Fersen auf den Boden drücken. Die Arme aus der gezeigten Stellung nach unten nehmen.

Die gesamte Bewegung wird auf derselben Stelle und in der gleichen Stellung beendet, in der sie begonnen.wurde.

Die meisten Karateclubs mit guten Lehrern benutzen verschiedene Hilfsmittel, um den Schülern den Weg vom Anfänger zum Träger des Schwarzen Gürtels zu erleichtern. Kleine Clubs haben oft Schwierigkeiten, Sandsäcke oder andere Hilfsmittel zu beschaffen. Beim Heimtraining hat man meist keine Sandsäcke zur Verfügung. Wir haben daher auch den zweiten Teil dieses Kapitels dazu benutzt, zu zeigen, wie man Schlagbälle und Sandsäcke durch alltägliche Gegenstände ersetzen kann.

Das wichtigste und auch am meisten benutzte Hilfsmittel in einem Karateclub ist der Sandsack. Den Sack benutzt man hauptsächlich, um das Gefühl für die Entfernung des Objekts zu schulen. Weil der Sack weder Hand noch Fuß verletzt, brauchen Sie keine Bedenken zu haben, mit voller Kraft zuzuschlagen. Er erlaubt Ihnen das Ziel voll zu treffen, was im freien Kampf oder in Vorführungen nicht erlaubt ist. Unten und auf den nächsten beiden Seiten sehen Sie einige Übungen, die Sie im Training anwenden können.

Ausgangsposition ist eine feste Stellung mit dem Hauptgewicht auf den Fußballen.

Ein gerader gegenseitiger Schlag. Es ist zweckmäßig, den Sandsack vom Partner festhalten zu lassen, um Schwingungen zu verhindern.

Schlag mit der Faust

Schlag mit der Handkante

Tritt nach vorne

Halbkreisfußtritt

Sprungtritt nach vorne

Sprungtritt seitlich

Sprungtritt nach hinten

Wenn Sie nicht die Möglichkeit haben, mit Sandsäcken zu arbeiten, können andere Gegenstände verwandt werden. Zum Beispiel kann die Karatejacke zusammengedreht und daran geübt werden (siehe Bilder unten).

*Gegenüberliegende Bildfolge*
1 Halbkreisfußtritt
2 Seitlicher Tritt
3 Sprungtritt nach vorne
4 Halbkreisfußtritt

Schläge und Stöße

Tritte nach vorne

Halbkreisfußtritt

Um zu einer bestimmten Schlaghöhe zu zwingen, können normale Stühle benutzt werden (siehe Bild 1 + 2).

Ein an einem Band hängender Gummiball hat für Fortgeschrittene unschätzbaren Wert, um die Treffsicherheit auf kleine Ziele zu erhöhen (siehe Bild 3 + 4).

Seilspringen mit einem Gürtel

Sprünge für die Beinkraft

Dehnübungen mit einem Gürtel

## Die Trainingshalle (Dojo)

Die Karatetrainingshalle nennt man
Dojo. Bis vor wenigen Jahren lebte
in Japan der älteste Meister der
Schule über dem Haupttrainings-
raum.
Da man Karate mit bloßen Füßen
betreibt, ist der Boden der Halle normalerweise aus Holzplatten oder po-
liertem Holz, der meistens elastisch
ist. Das soll Verletzungen der Füße
weitgehend verhindern. Eine Wand
der Halle ist oft mit Spiegeln be-
deckt, die vom Boden bis zur Decke
reichen, um den Schülern die Möglichkeit zu geben, ihre Stellungen
und Bewegungsabläufe zu studieren.
Wenn Sie mit dem Karatesport beginnen möchten, aber keine Halle
mit dem geeigneten Fußboden finden, helfen Ihnen japanische Matten
(Tatami) oder die bei uns üblichen
Gummimatten, deren Oberfläche für
den Anfang gut genug ist. Schlech-
testenfalls gibt Ihnen eine Gras-
fläche oder ein Sandstrand einen
Trainingsboden, bis Sie eine gute
Halle gefunden haben. Der Nachteil
dieser Trainingsflächen liegt darin,
daß sie Ihre Fußbewegungen ver-
langsamen. Unter normalen Trainingsbedingungen achtet der Trainer darauf, daß die Schnelligkeit der
kontrollierten Fußbewegungen zu-
nimmt.

## Titel und Gürtel

Wenn man eine gute Karateschule
besucht, wird der große Unterschied
zwischen den Mitgliedern mit
schwarzem Gürtel und all den anderen deutlich. Schüler, die den
schwarzen Gürtel noch nicht erreicht haben, besitzen Kyu-Grade
(Kyu = Schüler), was durch bestimmte einfarbige Gürtel sichtbar
gemacht ist. Karatekas, die den
schwarzen Gürtel tragen, haben bereits einen Dan-Grad (Dan = Meister) erworben. Der Dan-Grad setzt
ein hohes technisches Können und
vor allem menschliche Reife voraus.
Im folgenden ist die Reihenfolge der
Kyu- und Dan-Grade mit der Farbe
ihrer Gürtel angegeben.

| Grade | Gürtelfarbe |
|---|---|
| Anfänger | — |
| 10. Kyu | |
| 9. Kyu | weiß |
| 8. Kyu | |
| 7. Kyu | blau |
| 6. Kyu | |
| 5. Kyu | gelb |
| 4. Kyu | |
| 3. Kyu | grün |
| 2. Kyu | |
| 1. Kyu | braun |
| 1.–5. Dan | schwarz |
| 6. Dan und höher | rot und weiß |

Verbeugung im Stehen
beim Eintritt in die Halle

Der 1. Kyu-Grad (brauner Gürtel)
und der erste und zweite Dan wird
Sempai genannt, was Meistergrad
bedeutet. Dritter, vierter und fünfter
Dan heißen Sensei, ein sehr re-
spektvoller Titel, der soviel wie Lehrer bedeutet. Dieser Titel wird in
Japan auch an Akademiker, wie z.B.
Richter oder Ärzte, verliehen. Der
sehr seltene sechste Dan heißt Shihan ( = Meister). Es ist unwahr-
scheinlich, daß Sie von einem solchen »Meister« unterrichtet werden,
bevor Sie nicht selbst einen Dan-
Grad tragen.
Man beobachtet in der Halle eine
straffe Disziplin. Die Mitglieder einer
Schule verkehren mit großer Höflichkeit untereinander, die besonders dem Sensei und Shihan entge-
gengebracht wird. Es zeugt von
guten Manieren des Schülers, wenn
er sich sowohl beim Ein- als auch
beim Austritt aus der Halle verbeugt.
Das tut man übrigens immer, wenn

man dem höchsten Meister der
Schule begegnet, egal ob innerhalb
oder außerhalb der Halle.
Sowohl rauchen, essen und trinken,
als auch rowdyhaftes Benehmen
sind in der Halle nicht erlaubt. Der
unkontrollierte Angriff eines Schülers im freien Kampf, wenn er eine
Verletzung des Partners zur Folge
haben könnte, wird bestraft. Eine
ernsthafte Verletzung der Zeremonien oder Regeln hat den Ausschluß
vom Training zur Folge, bei wieder-
holten Verstößen erfolgt ein Trai-
ningsverbot für mehrere Monate.
Die Einhaltung der strengen Karate-
bräuche bedeutet nicht, daß die
Trainingshalle ein unerfreulicher Ort
ist, wo die Schüler durch veraltete
Regeln gegängelt werden. Ganz im
Gegenteil! Eine gute Trainingshalle
ist ein sehr fröhlicher Platz, mit einer
Atmosphäre, wie man sie meist nur
dort findet, wo geistige Künste ge-
pflegt werden.

Verbeugung vor dem Trainer

Die Trainingsklasse im Sitz vor dem Trainer zu Beginn des Trainings

Sie werden fragen, was denn der Sinn der Regeln und Zeremonien ist und warum sie so genau befolgt werden. Die Antwort ist, daß die Regeln und Zeremonien teilweise Tradition sind, teilweise der praktischen, effektiven Ausnutzung des Trainings dienen. »Karate beginnt und endet mit der Höflichkeit«, ist ein oft gebrauchter Satz in allen japanischen Karateschulen. Karate ist eine Sportart der Erfahrung. Viele Techniken, die fortgeschrittenen Schülern gelehrt werden, können töten oder schwer verletzen; der Lehrer muß daher in einer Atmosphäre der Disziplin und Konzentration unterrichten. Er muß sicherstellen, daß die Schüler die Techniken, die sie im Training üben, nie im Zorn verwenden werden. Schüler, die einen hohen Rang erreichen wollen, müssen vorher beweisen, daß sie verantwortungsvolle Menschen sind, bevor der Lehrer Schläge demonstriert, die töten können. Im chinesischen Boxen (Kung Fu) muß ein Schüler unter Umständen 10 Jahre trainieren, bis sein »Sifu« ( = Lehrer) das Gefühl hat, die richtige Einstellung zu der Kunst befähige ihn, fortgeschrittene Techniken zu lernen. Die Regeln der Höflichkeit und Disziplin sind daher zum Wohle aller im Dojo. Sie ermöglichen Schülern und Lehrern, sich auf das in der richtigen Atmosphäre stattfindende Training zu konzentrieren.

## Cheftrainer

Der älteste Lehrer ist die Basis, auf die die Schule aufgebaut ist. In Dojos, nach japanischem Vorbild, sind sie gütige Herrscher, strenge Lehrer, aber wie ein Vater zu den jüngeren Schülern. Der Sensei will das ganze Vertrauen seiner Schüler und erwartet – und erhält die ruhige Aufmerksamkeit von allen. Die Atmosphäre im Dojo basiert ebenso auf der Persönlichkeit des Lehrers wie auf seinem Können. Ein Teil seiner Aufgabe besteht auch darin, den fortgeschrittenen Schülern Vertrauen einzuflößen, damit sie ihr wahres Repertoir zeigen können. Das gehört ebenso dazu wie das Lehren von Karatetechniken.

## Verbeugung

Siehe Foto unten: Vor und nach dem Training stellen sich die Schüler in einer Linie auf, knien nieder und verbeugen sich vor dem Trainer. Die Hüfte wird dabei um ca. 30 Grad abgewinkelt, die Hände sind auf dem Boden, die Augen sind nach vorne gerichtet.
Die ganze Verbeugung und das Zurückgehen in die Ausgangsposition erfolgt schnell. In einem großen Dojo mit vielen Trägern des schwarzen Gürtels werden nach jedem Training vier Verbeugungen gemacht. Zum Haupttrainer (wenn er den sechsten oder einen höheren Dan besitzt) auf das Kommando Shihan-ni-rei, zum Seniortrainer

Verbeugung im Sitz vor dem Trainer

(wenn er den dritten oder einen höheren Dan besitzt) auf das Kommando Sensei-ni-rei, zu den anderen höher graduierten Clubmitgliedern auf Kommando Sempai-ni-rei. Die Trainer verbeugen sich zur Klasse, und die Schüler erwidern die Verbeugung auf Kommando des Otaga-ni-rei.

Wenn auch anfangs die gesamte Karateetikette den jungen Menschen, die die Disziplin der geistigen Künste nicht kennen, veraltet erscheinen mag, werden sie bald den Grund und die wahre Funktion erkennen. Sie werden sehen, daß es nicht nur darum geht, Techniken zu lernen, sondern auch um die Motivation, den höchstmöglichen Rang zu erreichen.

## Binden des Gürtels

1 Der Gürtel wird mit der Mitte in Hüfthöhe von vorne an den Körper gehalten, die Enden hängen gleich lang herunter.
2 Der Gürtel wird dann im Rücken gekreuzt, und beide Enden wieder nach vorne gebracht. Jede Hand hält eines der Enden.
3 Die Gürtelenden werden jetzt gekreuzt, und das rechte Ende wird unter beide Gürtellagen geschlungen.
4 Darauf wird ein flacher Knoten geknüpft und zugezogen.

## Karategi und Trainingsausrüstung

Der »Gi« besteht aus der Jacke, der Hose und dem Gürtel. Der Karategi ist aus leichterem Material als der Judogi, weil er nicht so sehr im direkten Kampf beansprucht wird.
Die Ausrüstung sollte immer sauber und intakt sein. Ein Schüler, der seine Ausrüstung schmutzig werden läßt, wird im Dojo schnell unbeliebt und niemand wird mehr mit ihm trainieren wollen. Aus demselben Grund sollten Finger- und Fußnägel sowie Haare immer kurz geschnitten und sauber sein. Lange Nägel können Verletzungen verursachen. Wenn Haare mehr als schulterlang sind, müssen sie zusammengebunden werden, damit sie dem Schüler nicht ins Gesicht fallen.

## Falten des Gi nach Gebrauch

1 Der ausgelegte Karategi, fertig zum Zusammenlegen.
2 Zuerst werden die Ärmel und dann die Seiten zur Mitte hin gefaltet.
3 Das Ganze wird von der naheliegenden Seite her zusammengerollt.
4 Der Gi wird mit dem Gürtel, wie auf Seite 89 gezeigt, zusammengebunden.

## Die Wahl der richtigen Karateschule

Wenn Sie mit dem Karatetraining Erfolg haben wollen, müssen Sie folgendes beachten:

1. Wählen Sie eine gutbesuchte Karateschule mit der richtigen Atmosphäre.
2. Versuchen Sie, eine möglichst gute körperliche Fitness zu erreichen und zu halten.

### Wie man einen guten Lehrer und eine gute Schule findet.

Die Bedeutung eines guten Lehrers und einer guten Schule kann nicht oft genug betont werden.
Durch den »Boom« der letzten Jahre ist eine Nachfrage nach guten Lehrern und Schulen entstanden, mit der das Angebot nicht mehr ganz Schritt halten kann. Viele unqualifizierte Trainer haben deshalb in jüngster Vergangenheit Schulen eröffnet, um auf diese Art schnell Geld zu machen.

Wie aber kann sich ein Unerfahrener vor solchen Geschäftemachern schützen?
Wir können nur raten:
Man soll sich im Dojo aufmerksam die Trainingsräume, Umkleideräume usw. ansehen. Sind sie hell und sauber, oder sind sie schmutzig und unfreundlich?
Beim Beobachten des Trainingsbetriebes kann auch der Unerfahrene feststellen, ob es an Disziplin und Können mangelt.
Behandeln sich Lehrer und Schüler mit dem nötigen Respekt, oder herrscht eine unangenehme Atmosphäre, in der nicht erfolgreich trainiert werden kann?
Außerdem ist natürlich die Anzahl der Dan-Träger ein Zeichen für die Güte der Karate-Schule.
Es ist also angeraten, mit Geduld eine gute Schule und einen guten Lehrer zu suchen, um diesen schönen Sport auf bestmögliche Art zu erlernen.

# 12

## Das Training

Die Frage nach der Trainingshäufigkeit läßt sich leicht beantworten: Man soll soviel wie möglich trainieren. Engagierte japanische Karateschüler pflegen zweimal täglich zwei bis drei Stunden zu trainieren. Natürlich wird das Training dabei oft variiert, damit das Interesse und die Konzentration der Schüler nicht verlorengeht. Deshalb ist es auch besser, fünfmal in der Woche eine Stunde zu trainieren als zweimal zweieinhalb Stunden.

Auf jeden Fall soll man vermeiden, nach einer ausgiebigen Mahlzeit zu trainieren.

Jede andere Sportart kann als Ausgleich und Ergänzung verwendet werden, wenn sie zur Kräftigung des Körpers und zur Schulung der Reaktion dient. Wenn auch Fußball, Schwimmen, Leichtathletik, Basketball und andere populäre Sportarten helfen, um Fortschritte im Karate zu machen, das Hauptaugenmerk muß immer auf das spezielle Karatetraining gerichtet sein. Besonders günstig als Zusatzsport sind Gymnastik und Ballett. Ein gutes Training ist auch Sprinten, weil es hilft, die Reaktionsschnelligkeit zu verbessern und die Beinmuskulatur zu stärken. Hanteltraining sollte nur betrieben werden, soweit es nicht zeitlich die Beschäftigung mit der Karatetechnik beeinträchtigt.

Oft sind Karate-Anfänger körperlich nicht fit. Aber nach relativ kurzer Zeit kann man sich bei entsprechendem Training eine gute Kondition erarbeiten. Die ersten Übungen in der Karateschule dienen mehr der Lokkerung als der Stärkung der Muskulatur. Wenn die notwendige Fitness erreicht ist, wird das Training verschärft und erweitert. Damit ist dann die Grundlage für die höheren Kyu- und Dan-Grade gegeben.

Wenn einmal die Leistungsfähigkeit erreicht ist, die der Trainer fordert – Sie werden es selbst bemerken –, dann versuchen Sie diese beizubehalten. Führt man neben dem üblichen Training täglich 10 bis 15 Minuten einige Körperschul- und Technikübungen durch, hält man sich auf dem erreichten Niveau der körperlichen Fitness.

Irgendwann wird es langweilig, immer und immer wieder die Grundtechniken zu üben. Die Zeit kommt meistens bei den mittleren Graden, auf halbem Weg zwischen Anfang und schwarzem Gürtel. Es ist gleich, wie interessant der Trainer die Stunden auch gestaltet, man muß manchmal richtig »schuften«, was wohl alle Schüler früher oder später langweilig finden. Die beste Art, mit dem Desinteresse fertig zu werden, ist, sich auf jede Technik voll zu konzentrieren.

Sommer-Gashiku an der Küste

Versuchen Sie jede Stellung, jeden Schlag und Tritt zu vervollkommnen, auch wenn es Ihnen augenblicklich so vorkommt, als würden Sie keine weiteren Fortschritte machen. Nach einigen Stunden wird Ihr Desinteresse wieder verschwunden sein, und Sie werden sehen, daß Sie echte Fortschritte gemacht haben.

Äußerst nützlich für die technische Entwicklung ist, wenn man außer dem Training im Dojo auch außerhalb der Schule übt. Die im letzten Training durchgenommenen Techniken müssen beherrscht werden, sonst kann der Trainer keine neuen erklären. Es ist daher sinnvoll, sich einen eigenen Sandsack zu besorgen und diesen daheim im Garten aufzuhängen. Im Dojo ist nicht genügend Zeit und Platz, alle Schüler die Tritte so lange üben zu lassen, wie der Trainer es gerne möchte.

Um den Schülern Abwechslung im Trainingsallerlei zu bieten, halten größere Karateschulen einmal im Sommer und im Winter Gashikus ab. Das sind ein bis zwei Tage Training auf dem Land oder an der Küste, meist fernab vom heimatlichen Dojo. Dieses Spezialtraining mit den Trainern, den Schwarzgurtträgern und den Anfängern ist harte Arbeit und gleichzeitig ein großer Spaß. Verständlicherweise findet das Sommertraining immer größeren Anklang als das Wintertraining.

Schließlich und hauptsächlich wird Ihr Fortschritt im Karate von der Intensität abhängen, mit der Sie trainieren. Um durch Karate Selbsterfüllung zu finden, ist eine starke Konzentrationsfähigkeit und Willenskraft notwendig, was in der Karateterminologie »Kiai« genannt wird. Der wichtigste Faktor für den Erfolg im Karatesport ist die Einstellung, die Einstellung zum Dojo, zu den Zeremonien und zum Sensei. Um Erfolg zu haben, benötigt man Ausdauer, sei es beim Erlernen des Piano, beim Studium – oder beim Erlernen der Kampfkunst. Der Trainer wird sich am Anfang nur wenig um den Schüler kümmern. Das ist beim Kampfsport normal. Er möchte prüfen, ob er ein ernsthafter Schüler ist, der es wert ist, sein Wissen mitgeteilt zu bekommen. Hat man dann später seinen Respekt erlangt, wird er helfen, damit man sich selbst entdecken und frei entfalten kann.

Wie engagiert Sie auch immer sein mögen, Karate sollte nicht das Einzige in Ihrem Leben sein. Die alten Meister dieser Kunst waren auch Maler, Dichter oder Philosophen. Eine ausgeglichene Persönlichkeit benötigt verschiedene Interessen, um glücklich leben zu können.

# Übersetzung der gebräuchlichsten japanischen Karate-Ausdrücke

| | |
|---|---|
| Age oder Ago | Oben, Kinn |
| Age Uchi | Stoß zum Kinn |
| Ashi | Bein, Fuß |
| Ashiwaza | Sämtliche Fuß- und Beintechniken |
| Chudan | Mittlere Stufe |
| Chudan Tsuki | Faustangriff, mittlere Stufe |
| Chudan Uchi Uke | Block von innen nach außen |
| Chudan Soto Uke | Block von außen nach innen |
| Empi | Ellbogen |
| Gedan Barai | Tiefer Block |
| Gyaku | Umgekehrt, umgedreht |
| Fudo Dachi | Kraftstellung |
| Fumikomi | Stampfschritt |
| Haisoku Dachi | Formlose Bereitschaftsstellung |
| Hiji Ate | Ellbogenschlag |
| Hiraken | Vorderknöchelfaust |
| Hiza | Knie |
| Hiza Ganmen Geri | Kniestoß zum Gesicht |
| Jodan | Obere Stufe |
| Jiyu Kumite | Freier Kampf |
| Juji Uke | Kreuzblock |
| Jun Tsuki | Seitlicher Stoß |
| Kakato Geri | Fersentritt |
| Kansetsu Geri | Stampfschritt zum Kniegelenk |
| Karateka | Karatesportler |
| Karategi | Karateanzug |
| Kata | Form, Schulter |
| Ke Age | Rückfedernder Fußstoß |
| Keri Waza | Fußtechnik |
| Kiba Dachi | Seitliche Stellung |
| Kokutsu Dachi | Rückwärtsstellung |
| Kote | Vorderarm |
| Koken Uchi | Schnappschlag mit dem Handgelenk |
| Kumite | Übungen mit Partner |
| Mae Geri | Vorwärtsfußtritt |
| Makiwara | Schlagpfosten |
| Mawashi | Halbkreis |
| Mawashi Geri | Halbkreisfußtritt |
| Mawatte | In einer Stellung verharren |
| Morote Uke | Abwehr mit Unterstützung (hintere) Faust am Ellbogen des vorderen Armes |
| Musubi Dachi | Formlose Bereitschaftsstellung mit nach innen gedrehten Füßen |
| Nukite | Fingerspitzenstoß |
| Neko Ashi Dachi | Katzenfußstellung |
| Nogare | Atemtechnik |
| Oi Tsuki | Gerader Fauststoß |
| Sanchin Dachi | Sanduhrstellung |
| Seiken | Vorderfaust |
| Shotei | Handwurzel, Handballen |
| Shuto | Handkante (Kleinfingerseite) |
| Shihan | Großer Meister |

| | |
|---|---|
| Shiko Dachi | Sumostand |
| Soto Uke | Abwehr mit dem äußeren Rand des Unterarms |
| Sokuto | Fußkante |
| Sukui Uke | Schaufelabwehr |
| Taikyoku | Einfache Kata |
| Tate Tsuki | Stoß mit senkrechter Faust |
| Te | Hand |
| Tettsui | Schlag mit der Kleinfingerseite |
| Tobi Geri | Sprungstoß |
| Tsuki | Stoß |
| Uchihachiji Dachi | Stellung mit geöffneten, einwärts gerichteten Füßen |
| Uchi Uke | Block von innen nach außen |
| Uke | Angreifer |
| Uraken | Faustrücken |
| Uraken Yoko Ganmen Uchi | Faustrückenschlag seitlich |
| Uraken Hiza Uchi | Faustrücken schlägt zur Milz |
| Uraken Shomen Uchi | Faustrücken schlägt |
| Ushiro Geri | Fußtritt nach hinten |
| Yoko Geri | Seitlicher Fußtritt |
| Yoko Keage | Hoher seitlicher Fußtritt |
| Zenkutsu Dachi | Vorwärtsstellung |

---